지지않는 꽃

양경숙 시집

도서출판

■ 책을 펴내면서

첫사랑
첫날, 첫걸음

처음이란 첫 음이 들어가는
설렘과 부끄러움을
첫 시집을 내며 함께 느낍니다
인생 후반전 그나마
황혼길 짬짬이 느낌 받은 데로
묶어 놓았든 시들이
지워지지 않는 글 꽃으로
활짝 피었습니다

누군가의 가슴에 사랑을
누군가의 아픔에 위로를
더 할 수 있다면.
소박한 소망을 가져 봅니다

나이 따라 시들어 가는
감성 붙잡고
시들지 않는 글 꽃으로
담금질하듯 빚어내며
많이 행복했습니다

이제 한 송이 글 꽃으로 피어나길
서원하며 조심스러운 발걸음
그대 가슴으로 한걸음 옮깁니다
좀 부족하고
좀 서툴어도
첫사랑 만난 그 느낌으로
꼭 안아주시길 바라며
시처럼 사는 나날이시길 바람결에 부칩니다.

2018년 2월
- 저자 양경숙 -

목 차

1부

회갑 8 · 들꽃 11 · 부치지 못한 편지 12
길 끝에는 13 · 비빔밥 14 · 이미 고마운 사람 15
함께 함이 얼마나 소중한지 16 · 이미 당신은 17
그리움은 강물처럼 18 · 사랑합니다. 그대 19
흔적 20 · 내 사랑 일곱 살 21 · 시절 언약식 22
그 사람이 아름다운 이유 24 · 내 고운 사람아 25
그대 뜨거운 입맞춤으로 26 · 꽃비 내리는 날 27
사랑 그 쓸쓸함 28 · 첫눈처럼 네가 오길 29
당신은 그런 사람입니다 30 · 그대면 좋겠습니다 32
당신은 이시니요 33 · 보랏빛 사랑 34 · 동행 36
봄날 38 · 목련꽃 나무 아래에서 39
진정한 이별이란 40 · 삶이 자꾸 아프다고 한다 41

2부

그리움은 비가 되어 44 · 당신이 있어 좋습니다 45
당신이라 행복합니다 46 · 기다림 47 · 사랑이여 48
상사화 사랑 49 · 그리움 50 · 당신 있어 행복합니다 51
사모 곡 52 · 힘내요. 당신 53 · 힘내요. 그대 54
그리움의 끝은 어디일까요 55 · 흐린 날은 흐린 데로 56
그대 오는 소리 57 · 그 남자와 그 여자의 이야기 58
나에게도 키다리 아저씨 있으면 59
임아 저 강을 건너지 마오 61 · 이방인 62
난 너에게 63 · 내 맘의 봄날은 언제 오시려나요 64
비가 오면 66 · 빗소리 67 · 여름날 밤에 68
잊어야 한다기에 69 · 부재 70 · 거리 71
부치지 못한 편지 72 · 너에게 꽃이 되고 싶다 73

3부

나는 76 · 한여름 밤의 추억 77 · 여행 78
나에게 쓰는 편지 79 · 흔적 81 · 오늘은 82
예감 83 · 망상 85 · 귀농의 꿈 86 · 한 걸음만 88
그곳에 가면 89 · 여보게 친구 91 · 친구 93
집시여인 94 · 빅토리아 연꽃 95 · 방황 96
시 짓는 여인 97 · 잠 못 드는 밤에 98
굽은 등위로 삶은 흐르고 99 · 우체통 앞에서 100
비상 101 · 길은 나에게 102 · 나의 길 끝에는 103
답 생애 우리는 104 · 그대여 잔을 채워라 105
회상 106 · 그 무엇이 되어 107
그냥 좋아했더라면 108

4부

오늘도 정류장에서 110 · 시간 111
그곳에 가고 싶다 112 · 그곳에 가면 113
슬퍼하지 말아요 114 · 만 원의 행복 115
친구에게 116 · 돌담길 추억 118
어느 공원에서 120 · 가을 길 따라온 사랑 122
유혹 123 · 구월이 오면 124 · 겨울나무 125
산사의 아침 126 · 파도여 나를 잊지 마오 127
잘 가시게나 128 · 오월의 기도 129
가슴 멍울 터지는 날 130
비 오는 날 만나고픈 그녀 131
공지천 연가 133 · 제주도에 가거든 134
소래포구 길 135 · 나는 못난이 136

청산도에 가면 137
엄마도 엄마가 보고 싶다...... Ⅰ 139
엄마도 엄마가 보고 싶다...... Ⅱ 140
엄마도 엄마가 보고 싶다...... Ⅲ 142
사랑은 이별이 없습니다 143

5부

감나무 아래 앉아 146 · 채송화 147
너에게 가고 싶다 148 · 누군가를 사랑한다는 건 149
내 생에 잘한 일 150 · 이별~ Ⅰ 152 · 이별~ Ⅱ 153
이별~ Ⅲ 154 · 이별~ Ⅳ 155
사랑한다는 건~ Ⅰ 156 · 사랑한다는 건~ Ⅱ 157
변하는 건 너와 나인 것을 158 · 그대에게 가는 길 159
우린 모두 아픈 사람들입니다 160 · 임 오시는 길 161
사랑 162 · 사랑의 온도 163 · 나의 동반자 164
꽃처럼 이쁜 당신 165 · 뒤돌아보니 166
내 생에 봄날은 168 · 사랑하는 일이 전부가 아님을 169
그대 잠든 사이 170 · 그대와 나 172
사랑이어라 173 · 아득한 꿈이런가 174
당신이 좋은 이유 176
당신이 나를 사랑해야 한다면 177

1부

그리움은 강물처럼

회갑

회갑입니까
아직도 개구쟁이 장난기
얼굴 가득한데 말입니다
머리에 살포시 서리가 앉긴 했지만
내 눈에 당신은
첫날 가슴 뛰고 설레게 했든
그 모습 그대로입니다

우뚝 솟은 나무는
육십하고도 또 한 번
돌고 돌아 예쁜 동그라미 나이테 만들고
잎은 늘 푸르고 무성하여
힘든 사람에겐 휴식을
아픈 사람에겐 희망을 주었습니다
가족 모이게 하는 구심점이
바로 당신이었습니다

검은 머리 희어지고
어깨뼈가 내려앉도록
허리 굽도록 가족 거둔 당신
정작 당신을 위해선 옷 한 벌
신발 한 켤레 변변한 게 없었지요
누가 뭐래도 당신은 보석처럼 빛나는
아름다운 삶이었습니다

세월 살아낸 흔적은
모두의 가슴에 남아
길 잃어버리는 날이면 나침판이 되고
어두운 날이면 등불 될 것입니다
시간 흐를수록 그리움 되고
산처럼 큰 의지로 계실 겁니다
포도가 익어 포도주 되듯
당신에겐 젊은이가 따라올 수 없는
풍미가 있습니다

당신의 골수를 보니
천수를 누릴 것이며
얼굴은 맑고 빛나 강물에 비친
보름달처럼 백수까지 빛날 것이라
회수에 오색 물감 뿌려
무지개 띄우니 오늘만큼은
이 세상 누구도 부럽지 않은
잔칫상 받고 행복하셔야 합니다

오늘 정성껏 올리는
수라상 받고
너풀너풀 춤추시고
어머니 뱃속 빌어
태어날 때 크게 울었던 것처럼
친구 형제 자식들에게
술잔 받고
온 동네 떠나갈 듯 웃으셔야 합니다
아버지 되고

어머니 되고
할아버지 되고
할머니 되도록
버팀목으로 계셔 준
당신 참 애쓰셨습니다
당신 참 고맙습니다
회갑 꽃 피운 당신

사랑하고 또 사랑합니다

들꽃

한 번도
눈여겨 본적 없는 꽃
오늘에야 보았네

참 예쁘다.

부치지 못한 편지

밤이 오면
등불 켜고
그대에게 편지를 쓴다
노을빛 물들인 얼굴
길목 서성이든 가벼운 발걸음
숨어버린 그대 흔적 쫓다가
폐허가 된 나의 골목길

가을은
한 번 가면 돌아오지 않고
오지 않는 가을 한 번씩
올 때마다 나는 속절없이
늙어 갈 것이다
고독으로 짙어진 밤이면
그대에게 편지를 쓰고
눈물로 지우며 부치지 못한
빛바랜 편지
흐드러지게 핀 그리움

밤이 오면 오늘도 등불을 컨다

길 끝에는

수많은 길이 있고
수많은 길을 걸었습니다
그런데도 못가 본 길은 넘쳐나고
항상 새로운 길 앞에서는
설렘과 두려움 함께 입니다

잘 다져진 길보다
거칠고 숨 가쁜 길이 매혹적인 건
내 발길에 의미를 두기 때문인지도
모르겠습니다

당신과 걷고 싶은 길은
길섶 야생화 무더기로
피어있고 나비 날아다니고
다리가 아플 즈음 나무의자 앉아
숨도 고르고 당신의 넉넉한 미소와
잡아준 손에서 가슴으로 흐르는
풀꽃 같은 사랑이 등줄기 햇빛
내려앉듯 잔잔하게 스며들어
너인 듯 나인 듯 그랬으면 좋겠습니다

부둥켜안고 서러움 토해내고,
조금은 추웠을 당신에게
체온으로 고독 녹여내며
사랑으로 기운 옷 덮여 주고 싶습니다

길 끝에 당신이 있으면 좋겠습니다

비빔밥

동그란
마음 그릇
눈물 한 방울
아픔 한 닢
기쁨 두 잎
슬픔 부셔 넣고

그리움
한 숟가락
보고 싶은 마음
두 숟가락
사랑 세 숟가락
비볐더니
새콤달콤
인생 맛난다

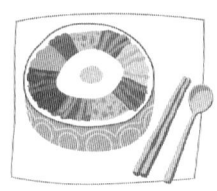

이미 고마운 사람

찬바람 모퉁이 돌고
잿빛 하늘은 비라고 하기에도
눈이라고 하기에도 모호한
눈물 뿌린다

창문 흔드는 바람 소리
귀를 쫑긋거리고
오지 않을 걸 알면서
기다림. 안고 서성이는 마음
붙잡고 돌아선다

어렵게 생각하지 말자
바라보는 것이 서로 다름도
오면 가고 가면 온다는 게
인연이라는 것도 아는
세월 보냈으니까

추억 주었고
그리움 주었고
그 이유 하나로도
이미 당신은 충분히
고마운 사람이니까

함께 함이 얼마나 소중한지

웃고 웃습니다
가슴 멍울 헤쳐
푸른 바다에 풀고
너인 양 나 인양 웃습니다

함께 눈물짓습니다
지는 노을 앞에서 숙연해지듯
너와 나 다를 바 없는
삶 앞에서 아름다운 눈물짓습니다

찬란한 날 앞에서
함께 함이 너무나 소중합니다
날이 세면 각자의 삶을 살아가겠지만
우린 여기 함께이고
소중한 시간입니다

그대가 소중합니다
그대와 함께함이
미치도록 사랑스럽습니다

이미 당신은

제법 찬 기운이 옷깃을 여미게 합니다
가을은 뒷모습 보이고
겨울은 방문 앞에 앉아 있네요

추운 날씨임에도 가슴이 따뜻한 건
당신이 있기 때문입니다
당신을 만난 건 기적입니다

찬 서리 맞고도
자북 자북한 국화꽃이
싸한 공기를 타고 영혼을 설레게 하듯이
당신은 늦은 국화 향을 닮았습니다

이미 행복을 주었고
당신 없는 날에도
그리움 하나로 천년은 견딜 겁니다
사랑은
피고 지고 하겠지만
보물창고 가득한 그리움은
한결같은 보석으로 있을 테니까요

그리움은 강물처럼

두고 온 추억
해산 날 없는
부풀려 가는 사랑
그곳에 그대 있어
강물처럼 흐르는 그리움 속
유영하는 시간

그대 마음 투영된
정을 부여잡고
지독한 열병을 앓는다
또
살아야 너를 볼 수 있기에
새벽 노크하는 창문을 연다

사랑합니다, 그대

라일락 향에 취해
마음 뺏기고
꽃비 내리는 공원
누워버린 꽃잎 입 맞추며
바람은 구름 부릅니다

따사로운 햇볕 속으로
하얀 얼굴 걸어옵니다
그리움 빛내림 되어
온유 출렁입니다

흩날리는 꽃비 속
당신의 맑은 미소 피어납니다
두 팔 벌려 품습니다
그대를 위해 춤추는 사랑
겁 없는 무희 됩니다

그리움 끝자락
꽃비 속
마음 길 닿는 그곳
사모하는 아픔 뒤에
당신 있습니다

그리움과 편지의 주소가 되어 주고
영원을 약속할 수 없어도
사랑합니다, 그대

흔적

밤새 달려간 길
꿈속에도 그리웠던 길
불러 보지도 못하고 돌아선 길

하늘도 서러웠나
하얀 꽃잎 뿌려
오간 길 흔적마저 지워버렸네

내 사랑 일곱 살

내가 사랑하는 사람은
일곱 살입니다

이것 싫다. 저것 못 먹는다
반찬 투정하는
일곱 살입니다

눈이라도 마주치면
여기 아프다
저기 아프다 응석쟁이
일곱 살입니다

큰소리치겠다며 호언장담하다
정작 앞에 가면 좋은 말만 하고 오는
마음 여린
일곱 살입니다

부탁하면 대답 잘하고
딴청 부리는 미운 일곱 살입니다
그래도 밉지 않은
눈빛이 고요한 사랑스러운
일곱 살입니다

시절 언약식

달도 없는
찬 기운에 앞섶 여미는
흑색과 친구 하는 밤
그대와 언약식을 합니다

그대가 말합니다
나는 그녀 돌쇠로서
십 년 사랑하며 살겠습니다
그녀가 말합니다
그대를 주군으로
십 년 모시며 살겠습니다

그대가 말합니다
어떠한 고난과 역경에도
흔들림 없이 울리거나 외롭게
홀로 두지 않으며 그녀를 지키겠습니다
그녀가 말합니다
그대 사랑함에 게으르지 않겠으며
내 눈과 같이 사랑하겠습니다

그대가 말합니다
품위유지와 품격 떨어질 땐

구차스럽게 살지 않고 그대 떠나겠소
그녀가 말합니다
당신 떠나는 그곳 함께 가겠습니다
마지막을 당신과 함께하겠습니다

둘이 함께할 것을 언약합니다

그 사람이 아름다운 이유

내 사랑이 보잘 것 없어도
존중하며 지켜 주기에 아름답습니다

바라보는 관점 달라도
틀린다며 단정 짓지 않기에
어딜 가나 무엇 하든지
믿음 안 가두니 아름답습니다

그보다 나를 먼저 생각하는
배려하는 모습 볼 때
남·여 가 아닌 인격체로
존중해주는 그가 아름답습니다

여린 사람에게 먼저 다가가는
가슴 따뜻한 그가
발걸음 낮은 곳으로
향하는 그가 아름답습니다
무엇보다 사랑이 무언지를
알고 있는 그가 아름답습니다

내 고운 사람아

둘이어서 고맙고
함께여서 행복한 내 고운 사람아
하늘 아래 어디에 있든
그대 행복하면
나도 행복합니다

산다는 게
살아 낸다는 게 버거워도
우리 고운 마음은
덧칠하지 맙시다

내 고운 사람아
사랑하고 살기도 부족한
황혼임을 고백하며
서산에 지는 해의 노을처럼
그렇게 하루하루 아름답게 물들어가요

그대 뜨거운 입맞춤으로

빗방울 가르며
창문 앞 멈춰 선 그대
기다린 세월의 그림자인가
도착하지 못한 연서인가

얼어붙은 가슴에도 봄은 오고
언 땅에서도 싹은 틔운다
사랑이 약이 돼버린 공간에서
그대 뜨거운 입맞춤으로
세포마다 일어나고
밤을 잊은 그대에게
행복 휘장치고 사랑 밤 되소서

꽃비 내리는 날

하늘에서 빛 내림하는 날
연지 곤지 찍어 바르고
노란 저고리 붉은 치마 입은
눈부시도록 아름다운
오월의 신부를 본다
치마 깃 펼치며 얼굴 붉혀
부끄러운 듯 수줍게 미소를 띤

달과 별, 그리고 바람과
술래잡기로 사랑은 만삭되었고
장맛비 퍼붓는 날
산고도 없이 꽃잎 저물었네
끝나버린 사랑 앞에
빗물은 뜨거워진 채

오월이 오면
붉게 타는 그리움으로 꽃밭에서 서성이겠지
흔들리는 가슴 멍울 맺히면 향에 취해 비틀대겠지
영원히 잊지 못할 사랑의 신부여

사랑 그 쓸쓸함

무덤덤 식이가는 가슴
빛 잃어버린 눈동자
주렁주렁 고드름 매달고
손가락 사이로 빠져나가는 모래알처럼
사랑은 긴 그림자 드리웁니다
풋빛 마음 희미해질 때
물레방아 돌아가는 속도만큼
그리움 돌리고
추억의 언덕 위에 세운 바람
마음 빗장 흔들며 유혹하겠지요

사랑했고
사랑하고 사랑하기에
하얀 배꽃 달밤 흩날리듯
못내 아픈 사랑 쓸쓸함입니다

첫눈처럼 네가 오길

나목은 벌거벗고
된서리 찬바람
온몸 맡긴 채
울고 있습니다

첫눈 오면
흰 꽃 달고
하얀 사랑하겠지요

첫눈 기다리는 건
기다리지 않아도
당신 오길 바라기 때문입니다

언약한 적은 없지만
첫눈처럼 그렇게
당신 왔으면 좋겠습니다

당신은 그런 사람입니다

길 가다 비슷한 키와 얼굴 보면
철렁이는 가슴과 흐뭇한 미소로
떠 올려보는
당신은 그런 사람입니다

분위기 있는 찻집에 앉아
향 좋은 커피라도 한잔하려면
커피 속에 얼굴 떠올라
화들짝 웃음 짓게 하는
당신은 그런 사람입니다

친구들과 맛집이라도 찾은 날
꼭 당신이랑 와야지
다짐하게 되는
당신은 그런 사람입니다

핸드폰 부재중 있을까
수시로 점검하게 만드는
그래서 잠깐 쓸쓸함을 맛보게 하는
당신은 그런 사람입니다

별빛 흔들리는 밤에도
달빛 쏟아지는 밤에도

꿈길 찾아 헤매게 하는
당신은 그런 사람입니다

몹시 바람 부는 날에도
요란하게 비 오는 날에도
천둥 속에 당신 떠올리게 되는
당신은 그런 사람입니다

당신은 모르실 겁니다
당신이 그러라고 한 적도 없습니다
스스로 구속되고
스스로 예쁜 날로 채우고 싶게 만드는
당신은 그런 사람입니다

그대면 좋겠습니다

고즈너한 찻집에서
차 한 잔 나눌 수 있는 사람이
비 오는 거리
우산 받쳐 같이 걷는 사람이
그대면 좋겠습니다

가을바람 걷는 길 위에서
우연처럼 필연처럼 만나는 소중한 인연이
버스 내리면 기다려주고
두 손 잡고 어깨 감싸주는 따뜻한 사람이
그대면 좋겠습니다

비에 젖어 떨고 있는 나뭇잎
밟기 미안해 까치발 걸으며 웃어주는
하얀 눈 온 거리 포장마차 발길 멈춰
쓴 소주잔 기울이며 삶을 얘기할 수 있는
그대면 좋겠습니다

가슴 시린 날 아무 말 없이
울어 줄 수 있는 가슴 따뜻한
사랑할 수 있다면
사랑 줄 수 있다면
그 소중한 인연이
그대면 좋겠습니다

당신은 아시나요

검은 비단 위 달빛 비추면
내 그리움인 줄 아세요

소나무 가지 흔들며 노니는 바람 만나면
내 향기인 줄 아세요

별들이 그대 창 두드리면
내 사랑하는 마음인 줄 아세요

장대비 창가 내리치면 내 어찌하지 못하는
한스러운 통곡인 줄 아세요

소복소복 말없이 눈 내리면
내 쌓여가는 그대 향한 정인 줄 아세요

보랏빛 사랑

슬며시 뭘 하고 있을까
궁금해진다.
밥은 먹었는지
누구를 만나는지
핸드폰을 쳐다보게 된다

하얀 눈 되어 소리 없이
그대 창가 들여다보며
그대 웃으면 같이 웃고
그대 울면 창가 부딪혀
물로 녹아 내리며 위안되고 싶다

사랑이 거창한 건 줄
예전엔 알았지만
이제 조금은 알 듯해
가슴 한쪽 아리게 하는 게
사랑이라는걸
그저 아침에 눈 뜨면 "잘~잤어"
커튼 젖히며 밤사이 "눈이 왔어요"
이 소소함이 사랑인걸

무지개 색깔처럼
여러 가지 사랑의 색이 있음을
서로 각기 다른 색 가지고
사랑의 세레나데 부른다

빨간색 사랑 아니어도 좋고
주황 사랑 아니어도 좋다.

보라색이라 더 이쁜 내 사랑

동행

하루 가는 길
동행할 수 있는 사람
그립습니다

괜스레 마음 가는 따뜻한
사람 만나 그 길 동행하고
싶습니다

낙엽 비 맞으며 주머니
가난한 서로를 위로하며
마음 만은 부자인
그를 만나 동행하고 싶습니다

길 거리표 차 한잔 들고
마주 보며 웃어주는
그 사람을 만나 동행하고 싶습니다

목에 힘을 빼고
어깨를 높이지 않는
겸손한 그를 만나
덜컹거리는 버스 안에서
그 어깨 빌리며 동행하고 싶습니다

휘파람 불어주고
나직이 불러 주는 노래가
귀에 익숙한 노래여서
무식한 내가 따라 할 수 있도록
배려하는 그를 만나
동행하고 싶습니다

하얀 눈 내리기 전에
빈 들녘 비움 속에
그가 불현듯 다가와
동행길 떠나고 싶습니다

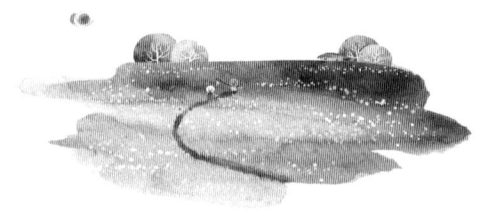

봄날

청하지도 않았는데
봄은 슬며시 안방 차지하고
얼음물 소리 낭자한데
매화는 고운 미소를 보낸다

오늘은
부자가 되고 싶다
봄날 부르고
매화꽃 한 송이 띄운 차 한 잔으로
가슴 데우고 싶다

봄날 가두고
온종일 향기 취해
시절 묶어놓고
취한 몸 누이고 싶다

목련꽃 나무 아래에서

목련 꽃. 나무 아래에서
푸른 물 떨어질 것 같은 하늘
하얀 웨딩드레스 입은
너의 시나위
내 마음 출렁이게 하고
절로 나오는 외침
아름다워라

목련꽃 나무 아래에서
자리 펴
세월 앉히고
사랑 앉히고
봄날 앉혀
순백의 꽃송이 송이마다
그대 향한
그리움 걸어 놓는다

진정한 이별이란

우연히 마주쳐 서로
얼굴 돌린다고
뒤돌아서는 등에다
이별이라고 고한다고
전화 받지 않고
안부 오가지 않는다고
이별 아닙니다

그의 얼굴을 봐도
출렁임 없이 웃을 수 있을 때
그의 소식 앞에서도
마음 고요할 때
그의 이름 희미해지고
그의 생각 머리에서 멀어졌을 때

어느 날 돌아보니
그를 위해 돌던 나의 일상이
그를 떠나 아무 일 없듯이
살고 있을 때

진정한 이별을 한 것입니다

삶이 자꾸 아프다고 한다

구멍 난 가슴으로
세월 흐르고
시간은 붉어졌는데

삶은 자꾸 아프다고
보채는데
어디로 데리고 가야 할까

출렁이는 마음 격랑 만나면
그저
닻을 내리고 조용히 기다릴 뿐

회오리바람 멈추면
난파선 되어 허울만 있더라도
등대 빛 찾아 노 저어야지

2부

목련꽃 나무 아래에서

그리움은 비가 되어

당신 향해 난 오솔길
추억 데리고 거닐며
바라기 고개는
하늘 향해 돌고 있습니다

그려보는 얼굴 위로
전율 흐르고
소망 일렁입니다

무심한 사랑이여
그리움은 젖어버린 마음 위로
비가 되어 내립니다

폐선 위에도 사랑은 익고
태워버린 추억 위로
그리움은 비가 되어 내립니다

당신이 있어 좋습니다

눈 내리는 창가에서
눈이 온다고 말할 수 있는
당신이 있어 좋습니다

배고플 때
시간 탓 없이 말할 수 있고
울고 싶을 때 어깨 빌려주고
장난스러운 농담에 웃어주는
당신이 있어 좋습니다

보고 싶은 가슴 노을처럼 물들이며
그리움 알게 하고
잠 못 이루는 밤
편지 부칠 곳 있고 답장 보내주는
당신이 있어 참 좋습니다

당신이라 행복합니다

이유 없이
웃게 되고

이유 없이
가슴 설렙니다

행복해야 하는 이유는
수백 가지겠지만

당신이라
참 행복합니다

기다림

꽃 무리 향기 날리면
그대 오시나요

별 무리 소근 되면
그대 오시나요

가슴 애타다 재만 남으면
그대 오시나요

빨랫줄 호박 곧이 가을빛에
비틀어지듯 해야
그대 오시나요

눈먼 강아지
귀만 쫑긋 되는 밤입니다

사랑이여

니를 위해 사랑했다
죽어도 못 보낼 것 같은 사랑
벗어버리니 그 또한 사랑이네

보낸 자도
떠난 자도
모두가 사랑이었네

사랑도 사람이 하는 것
사람이 사랑도 하는 것
그저 사랑이었다네

우리 그렇게 추억하고
그렇게 이별하려 하네
사랑으로

상사화 사랑

억만 겁 세월 견디며
너 안을 수 있을까
긴 싸움
가슴 녹아내리는
외마디 고통
속으로 삭이며
신이 주신 주술 풀어달라고
두 손 모아 합장한다

기다리다 지쳐
이내 몸 흔적 없이
구천으로 떠나고 찾아온 임
오는 길 미로였나
헐떡이는 숨결
얼굴 홍색이다
향기마저 잃어버리고
망연자실 서 있다
멀리서 들리는 풍경 소리
애간장 녹이고
만날 수 없는 임 그리다 산화한
상사화 사랑

그리움

어제부터 비가 내립니다
빗방울 사이로
그대 눈동자 다가옵니다

늦가을 쓸쓸한 거리
물안개처럼 피어나는 그대 생각
길 위 떨어진 낙엽 따라
들려오는 임의 목소리

당신 없는 잠깐의 이별
가슴 먹먹한 슬픔 되어
비와 함께 내립니다

보고 싶은 맘
잠재우려니 자꾸 짜증이 납니다
투정 부리고 싶은 얄미운 마음은
그리운 또 하나의 그리움 되어
그립고 그립습니다

당신 있어 행복합니다

다정한 목소리
모닝콜 해주는 아침
창가 비춰오는 햇살처럼 감미롭고
이불 속 어정이는 그 여유가
어린 아가 잠투정 부리듯 행복합니다

밥은 먹었는지
아프진 않은지
운전 조심 사람조심
잔소리하는 당신 있어 행복합니다

가끔 예쁜 글 보내줘
구름 밭 거니는 기분 일게 하고
때론 공주처럼
때론 왕비처럼 대해주는
당신 있어 행복합니다

추울까 봐 윗옷 벗어 걸쳐주는 손길
내 보폭 맞춰 천천히 걷는 배려
손잡아 주머니에 넣어주는 따뜻함
그런 당신 있어 행복합니다

당신의 달달한 목소리
하루의 여밈을 하고
꿈길 속 찾아와 고운 꿈 꾸게 하는
그런 당신 있어 행복합니다

사모 곡

이 밤 당신 잔소리 그리워
커피 한 잔 들고 베란다 나와
먼 하늘 사랑을 합니다.
어머니 당신 품속에서 맡았던
향기 찾아 이방 저방 문 열어 봅니다

당신은 이맘때쯤 내가 좋아하는
명태찜을 해 주었지요
그 맛을 찾아 주방에서 이리저리
서성입니다.

당신을
만날 수 있다면
만날 수만 있다면
이제 두려움 벗고
당신 건넌 요단강 건널 수 있을 것 같아요

낡은 앨범에서 당신 만났습니다
고운 모습으로 웃고 계시는 모습
가슴 미어지게 아파지는
어머니 향한 그리운 사모곡 불러봅니다

힘내요. 당신

아무리 긴 터널도
끝이 없는 터널은 본 적 없어요

아무리 긴 밤도
새벽은 반드시 왔습니다

아무리 큰 슬픔도
시간 앞에 희미해져 갔어요

아무리 죽을 만큼 힘들어도
반드시 끝은 있어요

아무리 춥고 시린 겨울도
반드시 훈풍 부는 봄은 왔어요

아무리 높은 산도
넘지 못하는 산은 본 적 없어요

지금 당신이 힘이 든다면
좋은 시절 오고 있다는 거예요

당신도 힘내고
나도 힘내고
우리 모두 힘내요

힘내요. 그대

한 잔 술 시름 마시고
두 잔 술 고독 마시는 그대
취하지도 못하는 한스러움
가슴 시퍼렇게 들여 박다
비틀거리며 문밖을 넘습니다

뜨거운 눈물이
쇄골을 채우고 넘칩니다.
너도나도 별다를 게 없는
삶의 무게가 더 버겁게 느껴지는
그런 날 있습니다

자조적이고
염세적으로 흐르는
그런 시간도 있습니다
괜찮아요. 그럴 수 있어요
살아 있기에 느끼는 감정입니다

내일은 내일의 태양이 떠오르고
밤이 지나면 반드시 새벽은 열립니다

그리움의 끝은 어디일까요

가을비 오고 있습니다
차량 바퀴 바닥
밟고 지나가는 빗물은
공중 날다 처박히며
심장 울립니다

세상 모든 것은 그대로인데
다정하게 속삭이던 목소리
흥얼거리든 노랫가락
어디로 숨었을까요

사랑의 끝이 그리움이라면
사랑하지 말 것을
그리움의 시작이 눈물이라면
그리워 말 것을
그리움의 끝은 어디일까요

흐린 날은 흐린 데로

삶이 밝기만 할까요
언제나 행복하기만 할까요
살다 보니 절로 알게 된 것 중 하나
오르막 있으면
내리막 있고
양지 있으면
반듯이 음지가 존재한다는 겁니다

가라고 등 떠밀지 않아도 가고
오라고 손 내밀지 않아도 오는
계절 같은 것
우리네 삶도 그런 건 아닐까요
밝다고 오르막이라고 마냥 좋아할 필요는
없는 듯합니다

그냥
지금 이 자리
흐리면 흐린 데로
그저
내 몫이려니 생각하면
흐려서 좋은 것만 생각나겠지요

그대 오는 소리

바람 지나간 뒤
나뭇잎 흔들리는 소리 나면
그대 오는 길 인가요

사분사분 낙엽 밟히는 소리 나면
그대 오는 길이겠지요
애 섧게 기다리는 그리움
오늘 밤도 부풀어 가고
죄 없는 달빛은 창가를 서성입니다

속절없이 가을은
떠날 채비 하는데
흰 눈 속으로 오시렵니까
눈 쌓이는 날이면
그대 오실 줄 알겠습니다

그 남자와 그 여자의 이야기

하늘은 울상을 하고
눈이라도 흘기면 금방
울어버릴 것 같다
아픈 데 보다 안 아픈 곳을
헤아리는 게 더 쉬운 남자는 침울하다
젖 먹던 힘까지 보태 동네 한 바퀴를 돌았다
그 여자는 애잔히 바라보며 말이 없다
그저 힘을 내고 마음 구름 걷어내고
용기 가지길 바랄 뿐

그 남자는 뼈마디에서 나는
곡소리 들으며 어머니를 생각했다
가장 당신을 사랑한 어머니의 초상화 앞에서
뜨거운 감정을 누르고 힘없이 침대에 쓰러진다

그 여자는 조용히 한 끼의 식사를 준비하고
마음 담긴 음식을 먹고 좀 덜 고통스러운 시간으로
수면까지 이어지길 기도하며 밥상을 차린다
그 남자의 등에 기댄 여자는
마른풀 향기가 나는 야윈 어깨를 만지며 눈물 고인다
서로 말이 필요 없다
침묵이 무겁게 흐른다
그 남자와 그 여자가
살아가는 일상을 관조하며
밤의 슬픔 내려앉은 모퉁이를 돈다

나에게도 키다리 아저씨 있으면

삶에 지쳐 기분마저 다운된 날
내 어깨 토닥이며
괜찮아 넌 괜찮은 사람이라고
용기 주는 사람

밤잠 잃어버린 날
개념 없는 시간 전화해도
반갑게 응대해주며
꿈길까지 이끄는 사람

취하고픈 날
주저리주저리 말 같지 않은 주정 부려도
묻지도 따지지도 않고 내 편 들다
집 앞까지 고이 데려다주는 사람

언제라도 찾아가면
환하게 두 팔 벌려 맞아주며
잘 왔다 가슴으로 따뜻이 안아주는 사람

나의 못남을 지적질 않고
내 길을 잃고 방황할 때

슬며시 제 길 찾아갈 수 있게
앞서 걸어가는 사람

때론 비틀거리며 서 있기도
버거워 쉬고 싶은 날
기꺼이 자기 자리 내주며
울타리 안 쉴 수 있게 해주는 사람

나에게도 키다리 아저씨
있으면 참 좋겠다.

임아 저 강을 건너지 마오

푸른 물결 넘실대고
임의 이마 노을빛 물드는 강가에서
모질게 잘라 낸 이별마저
도돌이표로 출렁이는
짓무르게 사랑하는 임아

그리움마저 빛의 산란으로
오색 무지개 뜨고
한 줄기 바람에도 시린 어깨는
임의 손길 기억하고
가늘게 떨고 있습니다

산다는 건
오직 임 기다림입니다
마시고 마셔도 타는 갈증
눈물로 삭히고
노여워지는 마음
희망으로 바뀔 때까지
가슴 멍울 각혈 토하며
부르다 쓰러집니다

임아
저 강은 건너지 마오
저 강만은 건너지 마오

이방인

소복소복 눈이 내렸다
온 세상 하얗게 변했다.

아무도 가지 않은 길
발자국 남기며 그대 계신 곳
방문 앞 멈추었는데 행복한
그대 목소리 들려
멈춰 선 마음

불빛 새어 나오는 방
겨울 이야기 소곤소곤
방문 고리 부여잡다
내 자리 없는 듯하여 발길 돌린다
갑자기 쓸쓸해진다.
이방인 된 나그네 같은 마음

겨울밤 깊어가고
내 마음 그대 방문 앞 걸어두고
되돌아오는
발밑 눈 쓰러지는 소리
바람에 날린다

난 너에게

난 너에게
무엇이 되고자 했다
내 눈엔 너만 보였기에
아무것도 생각할 필요가 없었다

신기루였다는 걸 알기엔
서툰 몸짓이었고
끝없는 고행이란 걸
꽃진 자리가 들려주었다.

내 맘의 봄날은 언제 오시려나요

여인 옷깃에서
봄 향기 날리고
놀이터 아이들 웃음소리
날아간 모자 잡으려
아장아장 뛰어가는 아가
바람이 심술부리네요
가까이 가면 모자는
두어 발짝 폴짝 건너가고

무심히 내려다본
놀이터 전경입니다
눈길 돌리는 곳마다
무더기 꽃 피어 세상 어느 곳에도
봄은 활짝 와 있습니다

차가운 냉기
어둠의 터널 속
상처 속에 갇혀
유배된 몸
내 몸을 점령한 바이러스와
치열한 사투 벌이는 모습
세상사와 다를 바 없군요

유배지에도 봄은 오겠지요
마음속에도 봄은 오겠지요
연서로 그리움 띄웁니다
봄날은 언제 오시려는지요
창문에 기대 힘없는 눈길만
세상 밖 봄날과 인사를 합니다

비가 오면

비가 오면
당신이 더욱 보고 싶습니다
철퍼덕 들려오는 발걸음 소리
창문 밖으로 서성이는
눈동자 이슬 맺힙니다

비가 오면
젖은 그리움 사이로
당신은 웃고 있고
찢어진 미련 사이로
나는 울고 있습니다

비가 오면
창에 부딪히는 빗물은
당신 마음이겠지요
봉인 못 한 편지 부칩니다
내 사랑 있는 그곳으로

빗소리

여름 낮
여름밤을 그리도 애타게 하더니
임 두고 떠나는 마음
애 섧다 흐느끼는 몸부림일까

가는 발걸음 가볍고
둔 마음 상처 없이 아물길
하늘도 함께 우는 곡소린가

하염없이 쏟아지는 빗길
뜨거운 사랑 식혀주고
허기진 마음 동행하며
시나브로 헤맨다

누군가가 몹시 그리우면
펑펑 울 일이다
비워낸 빈자리
허한 사람 찾아와 또 쉼표 만들 일이다

음률에 맞춰 미친 듯한 빗소리
심장에 구멍을 낸다
구멍 사이로 도랑이 나고
개여울이 생기고 강으로 흘러

그래
우리 바다에서 만나자

여름날 밤에

피카소를 보고
윤동주를 논하고
인생 안고 탱고를 춘다

흥건히 젖어버린 시간과
양쪽 끝에서 타들어 가는
불놀이를 마치고
하늘 보니 반달이 웃고 있다

달빛 부서지는 아래
달맞이꽃 소녀보다
더 농염한 웃음으로
대지 세우고
뜨거운 정사 즐긴다

떠나지 않고
버리지 않는 것들을
기억하고 욕망하며
필사적으로 사랑하고 싶다

한여름 밤은 깊어가고
오늘은
기다리지 않아도
그가 왔으면 좋겠다

잊어야 한다기에

빗줄기 따라
보고 싶은 너도 같이 내린다
창가 부딪쳐 산산이 부서지는
이루어질 수 없는 통한이여

인연의 끝자락 부여잡고
잊어야 한다기에
시린 마음 배 띄워
망각의 늪 건넌다
그 속에 너는 없고
비에 젖어 떨고 있는 수선화 한 송이
애처로이 피어있다.

부재

저만치
당신 닮은 사람 걸어오면
심장 멎듯 발걸음 멈춤 합니다
언제나 하든 습관이
그 시간이면 어김없이
음식 준비하고 쌀을 씻다
물 잠그지도 않은 체
우두커니 서 있습니다

하루 한 번씩 돌리던
세탁기는 배가 고프고
수십 번 열던 냉장고는
지금 묵언 수행 중입니다

식탁 앞에서
냉장고 문을 열다
망연히 서 있고
흔들리는 창문 닫아 달라고
당신 부르다
우두커니 망부석 되어 있습니다

어느 날 닥친 부재 앞에서

거리

가까이 가면
피 말려 죽겠고

멀리 가면
애가 타 죽겠네

당신은
태양 닮았나 봐

부치지 못한 편지

밤이 오면 등불을 켜고
그대에게 편지를 쓴다
노을빛 물들인 얼굴과
길목을 서성이든 가벼운 발걸음
숨어버린 그대 흔적 쫓다가
폐허가 된 나의 골목길

가을은
한 번 가면 돌아오지 않고
오지 않는 가을이 한 번씩
올 때마다 나는 속절없이
늙어 갈 것이다
고독으로 짙어진 밤이면
그대에게 편지를 쓰고
눈물로 지우며 부치지 못한
빛바랜 편지
흐드러지게 핀 그리움

밤이 오면 오늘도 등불을 켠다

너에게 꽃이 되고 싶다

장미처럼 화려하지 않고
고혹한 향기마저 없는지 몰라
길섶에 피어 풍성함도 없고
나그네 눈길 붙들 재주도 없어
라일락처럼 멋진 향기로
발걸음 세울 능력도 없다

척박하고 후미진 곳
초라한 한 송이 꽃
그래도
너에게만 꽃으로 불리고 싶다
이름 없는 들꽃일지언정
너에겐 꽃으로 가고 싶다

3부

굽은 등위로 삶은 흐르고

나는

난
예쁜 사람이 좋다
마음이 예쁘면 더 좋다

난
사랑을 아는 사람이 좋다
죽도록 사랑해 본 사람이 더 좋다

난
이별을 해 본 사람이 좋다
가슴 절절 피 울음 쏟아내 본 사람이 더 좋다

난
성공 한 사람이 좋다
성공이 그의 인품에 향기를 더할 때 더 좋다

난
실패해 본 사람이 좋다
경험을 잡고 다시 일어서는 사람이 더 좋다

난
나와 동행해 주는 사람이 좋다
그냥 믿어주고 의리 있는 사람이 더 좋다.

한여름 밤의 추억

하루를 말아 올린 끝자락
쑥으로 피워낸 향과
메케한 연기는
고향 향기가 되었다

대청마루 엄니 다리 베고 누워 본
하늘은 쏟아질 듯 별들이 반짝였고
긴 선을 긋고 별똥별 하나 떨어지면
잽싸게 소원 하나를 빌었다

별 무리에 휩싸인 은하수
북두칠성 황소자리 사자자리
견우직녀 애기까지 들려주시며
모기 쫓아 주던 부채
조곤조곤 엄니 목소리 그립다

난
오늘도 엄니를 찾아 나선다

여행

떠나보는 거야
이것저것 따지지 말고

껍딱지처럼 붙어
돌아가는 일상 떼어내고

달려보는 거야
새로움 기다리는 세계로

버려 보는 거야
일상의 칙칙한 생각과 잡념들

엎어보는 거야
지배했던 사념과 세상을

돌아가는 거야
지겹다고 느낀 그곳으로

여행은
돌아오기 위해 떠나는 것이니까

나에게 쓰는 편지

너무 힘들어하지 마!
힘들면 내려놓아도 돼
넌 충분히 했고
여기까지 오느라 수고했어

화나면 화내도 돼
참고 인내하는 것만이
능사는 아니야
때론 폭발시켜 없애 버리는 것도 좋아

슬프면 울어도 돼
슬프면 감정 따라 실컷 울어
잔잔해질 때까지 울어도 돼

웃고 싶으면
거리낌 없이 웃어 봐
모두 돌아볼 만큼
크게 웃어도 돼

죽일 놈의 사랑은
어떻게 해도 아파
너랑 끊임없는 전쟁이고

상처고 고통일 거야
그건 네가 더 사랑하기 때문이야

항상 너보다 더 큰 그릇의
사랑을 꿈꾸기에
네가 담기엔 넘치고
참기엔 아픈 것이지

맑은 물이 아님에도
연꽃을 피워 올리고
깊은 우물만 보았지
깊은 슬픔은 모르는 거야

세상이란 강엔
희로애락이 있고
선택은 모두 네 맘대로 해
누구의 눈치도 볼 필요 없어
모두가 등 돌려도
난 끝까지 너를 응원하며 동행할게.

넌 다른 곳을 향해 사랑하지만
난 너만을 바라보고 너만을 사랑해
네가 누더기를 걸치던
네가 홀로 되어도
그냥 네 모습 그대로 영원히 사랑할 거야

흔적

그대 떠난 자리
그리움 꽃 피어났다
가슴에 새긴 이름 석 자
주홍 꽃 피었고
속눈썹 끝 매달린 하얀 눈물 꽃

세월은 흔적 삼키고 다시 사랑 꽃피우리라

오늘은

가을 하늘에
흙물을 뿌려
고향을 그립니다
늙으신 어머니가 계시고
낡은 밥상이 있습니다

무명치마 허리 두르신 앞치마에
나의 콧물도 찍혀 있는 얼룩진 그림 속
사랑 나비 팔랑입니다
낡은 밥상엔 소박한 찬들과
소복이 올린 정성의 밥이 있습니다

어머니가 몹시 그립고
세상의 관념에 부대낀 날은
된장국과 푸성귀로 만든 나물 반찬
깻잎 부쳐 내주시든 사랑의 밥상이
먹고 싶습니다

오늘은
주름진 골짝 사이 세월의 무게 보듬고
꽃바람 따라
늙은 어미의 발자국 따라
바람꽃으로 그리움 향기로
그렇게 잠들지 않는 푸른 세월 물결 따라
내 고향 어미의 젖무덤에
얼굴을 묻고 잠들고 싶습니다

예감

슬픈 예감은 한 번도
빗나간 적이 없었다
언제부터인지
균열 생기고
파열음 들었지만
귀 막고 입 닫았다
차라리 모른 척하고 싶은
간절한 기도였다
그해 여름은 뜨거웠고
이별 기차에 너를 태워 보내며
안녕이란 인사도 차마 못 하고
등 보이며 돌아섰다

그러나
침묵은 수많은 언어였고
눈물의 편지였다
토하는지 삼키는 것인지
알 수 없는 울대만 떨렸다
여름내 안 오든 비는
보름을 넘기며 징글징글하게 내렸고
빗소리와 친구 하려 함께 울었지만

전속력으로 마주 달리는
기차를 보면서도
나는 멈출 수가 없었다

비는 그쳤는데
하늘이 고와서
바람이 서늘해서
흔들리는 나뭇잎을 보며
아직도 울고 있다

이별을 예감한 어떤 일요일처럼

망상

어둠 밀어내고
여명은 집 짓는다

하루를 천년처럼
살 수 있는 터 닦고

새들의 지저귐
들꽃 향기로 빚어서

사념에 베인
위로의 잔을 높이 든다

화무십일홍이고
인불백일호 라지만

갈라진 땅 백일홍 심고
백 년 함께 할 사람과
하룻길 기대 숨 쉬고 싶다

귀농의 꿈

단 한 평 땅도
소유하지 않았음에도
눈 감으면
상상 속 거니는 곳

마당엔
잔디 깔고
석축 쌓은 곳곳에
철 따라 꽃 피게 만들고

석류나무
앵두나무
뽕나무 심어
오고 가며 새콤하고 달콤한 맛 품고 싶고

한쪽엔
상추며 오이 가지 쑥갓
푸성귀 푸짐하게 자라
갓 지은 밥에
푹 고추장 된장 찍어 먹고 싶다

함께 할 사람 있다면
성별 구별 없이
촌을 이루고 싶다

하여
노니는 구름과 바람
장단 맞추며
한 생 마감할 수 있다면
그곳이 천국 아닐지

이 꿈은
언제 이루어질까
허한 마음 바람 스러지네

잠 못 이루는
나에게 시비 걸고 싶은 밤에
구시렁댄다

한 걸음만

돌고 돌아
옹이진 가슴
비에 젖고서야
서로 눈을 보았지

네 눈 속에서 열심히
나만 찾았어
네 눈 그대로 바라볼 걸
서툰 몸짓은 시나브로
그림자 드리웠는데

첫사랑
첫 만남
첫눈
신비하고 아름다운 걸 주고 싶은데
세월은 너무 멀리 데려와
네게 줄 수 있는 건
아직 뛰고 있는 심장뿐
어떻게 하니

서로에게 한 걸음씩만 다가가자
좁혀지는 간격만큼
늘어난 배려와 관심은
성숙한 사랑으로 만삭되어
서녘 붉게 타는 노을을
네 눈 속에서 보고 싶어

그곳에 가면

쪽진 엄니가
무명 앞치마 두르시고
봄이면 진달래꽃 올려
화전 만들어 주시고

여름이면
이불 홑청 풀 먹인
다듬잇방망이 소리
감나무 매미와 합창을 했다

객지 떠난 자식 오려나
연신 사립문 서성이던 눈동자
저녁이면 먼저 푼 밥 한 그릇
새벽이면 장독대 정화수 올려
무병장수 기도하시든 엄니

좁은 골목길 떠나갈 듯
편 갈라 전쟁하고
쇠 금파리 주워다 소꿉장난하며
화해와 싸움 밥 먹듯 했든
내 꿈의 근원지였던 곳

그곳에 가면
가재 잡고 물장구치던
까까머리 친구와
감꽃 목걸이 한
단발머리 소녀를 만난다

이제 백발 엄니 되어
회향 선 몸 싣고
아득히 먼
밤마다 지름길 달리는
꿈에라도 그곳에 가고 싶다

여보게 친구

자네 웃는 모습
한번 보고 싶어
두 달 기다리고 그리며
한 날 언약의 줄을 잡고
고심하고 그리워했네

이 세상 많은 사람 중
귀한 인연으로 내게 와
줄 것 없는 비루한 나를
그대의 친구로 엮이게 하여
날마다 기쁨이네

여보게 친구
한 잔 술 시름 들고
두 잔 술 우정 나누세
붉게 혼절하는 사랑 아니면 어떻고
목숨 거는 내기판 아니면 어떠한가

가다 아프면 쉬기도 하고
태양 만나면 그늘 찾아 눕기도 하며

바람 부는 데로 걸림 없이 가세
우리 걸음으로 걸어가세

여보게 친구
기다린 보람있게
너풀너풀 춤추는 자네
종일 웃어주는 자네가 고마우이
그 힘으로 또 내일을 살아가세

친구

내 아픔 슬픔 등짐지고
아무 말 없이 동행하는
이순의 고갯길 도반 하는
그가 있어 살만합니다

어느 날 문득 찾아가
밥상 차려 달라 해도
늦은 밤 전화하여
속내를 훤히 드러내도 좋은 친구

달밤 기대어
비틀거리는 걸음
꼬부라진 헛소리 된소리 해도
묵묵히 받아내는 친구
그가 있어 살만합니다

비 맞은 나뭇잎처럼
어깨 처져 있을 땐
어깨 다독여 주고
버거운 삶 이겨 내느라
핏발선 하이에나 되어도
그래 그럴 수 있으라며
밥 먹고 힘내자며 고기 구워주는 친구

나에겐 이런 친구가 있습니다
덕분에 살맛 납니다

집시여인

갈바람과 플라멩코 추며
뇌색적인 눈빛 가진 집시여인
팜므파탈 덫에 걸린 사내
환각 취해 죽음인 줄 모른 체
가볍게 춤을 추네

별은 잘게 빛나고
달빛 부서지는 언덕
거문고 음률은 잠 못 들게 하며
청아한 노랫가락 심장을 마비시킨다
누군들 사랑하지 않겠느냐
보헤미안 그녀를

달빛은 고요히 내려앉고
대숲 울음소리 가슴 후빈다
오늘 밤도 홰치는 소리 듣고서야
검은 휘장을 친다

빅토리아 연꽃

사흘 살다 가는 이여
낮에는 꽃잎 닫아 침묵하고
야화로 피어 밤을 사랑하는 너

첫째 날 흰옷 입고 와
둘째 날 붉은 물 들이며
셋째 날 화려하게 대관식 마치고
물속으로 숨어버린 너

짧은 사랑아
애달픈 고운 사랑아
추억도 사랑도 꿈결 같은 그리움 안고
장승처럼 처연히 물속만 바라보고 있다

방황

길 잃고
섬 속 갇힌
한 마리 외로운 하이에나
페시미즘으로
달리는 생각 붙들고
하늘을 본다

존재 가치를 상실한 굶주린
한 마리 동물의 포효는
어둠 삼키고
가슴 한쪽 풀어놓은 애깃거리는
파도 소리에 묻혔다

어디로 가야 할까
출구 잃어버린 미로 속에서
헝클어진 상념
비틀거리는 발길
길 위에서 길을 잃고 떠도는
하이에나의 고독한 숨

시 짓는 여인

밥 짓고
찬 만들어
밥상 올리듯
글 줍고
생각 퍼 올려
그대 두 손 올리니

한 송이 꽃으로
위로되고 웃음 되고
투박한 마음 비에 젖어
향기로
노래로
그대 공간 속 머물기를

작은 소망 불 밝히는 시 짓는 여인

잠 못 드는 밤에

유난히 불쑥 내민 달빛
고향 잃은 나그네 동행하고
빈 가슴 서늘한 바람 부는데
낯선 거리 개 짖는 소리
정적 깨운다

묶어 둔 시절 앞
서성이는 시린 마음
기와집 짓고 부수고
답 없는 놀음 삼매경이다
물에 물 탄 듯
술에 술 탄 듯
구름에 달 가듯이
걷고 걷는다
묻고 또 묻는다

나는 왜 살고 있냐고

굽은 등위로 삶은 흐르고

비탈길 오르는
굽은 등 위로
가을 햇살 내려앉고

한 걸음 힘 줄 때마다
삐걱거리는 손수레 신음
할배 땀 먹고서야 바퀴는 돌아간다

누군들 편 하고 싶지 않으랴
눅눅한 하루가 켜켜이 쌓여
인생 마름질하고

고단한 시간 풀고
주름진 세월 사이
삶은 날개 없이 유영한다

우체통 앞에서

가벼운 바람 타고
구름 유영하고
갸느린 여인 닮은 코스모스
빨간 잠자리와 술래잡기 합니다

할 말 너무 많아
몇 장 써도 모자랄 것 같은 편지
이제 알았습니다
할 말 너무 많으면
오히려 글 한 줄 쓰지 못한다는 걸

우체통 앞에서
차마 부치지 못하는 마음 돌려세워
그대 안부 부치고
고운 빛내림 가슴에 담습니다

가을 우체통 앞에서

비상

얼마나 사랑하는지
표현할 방법 없습니다
얼마만큼 그리워하는지
표현할 방법 모릅니다

당신은 나에게 행운이었고
선물이었습니다
삶에 지친 어깨 다독여 주고
상처 입은 날개 쉬게 해주며
온전한 맘 내놓은 당신 있기에
다시 창공으로 날아갑니다

뒤돌아보지 않을 것 같은 날갯짓으로

길은 나에게

길에게 물었다
길이 어디야
네가 선 곳이 바로 길이라고

옳은 길로 가고 있니
길이 말한다
네가 선택한 길로 가고 있지 않냐고

길에게 물었다
길의 끝은 어디니

넌 어디쯤 와 있냐고 묻는다

길의 끝과
나의 끝은
결국 하나임을 알아가는 여정

길은
친구이고 스승이며 동반자다

나의 길 끝에는

아침 눈뜨면
수백 길 펼쳐지고
꽃과 바람 사람들 속에
머물며 웃고 울고

노을 친구 삼아
저녁 물리고 갈무리하며
달과 별 음악 속에서
꿈과 사랑 접고 펼치는
그 끝 당신 있습니다

어느 길 가든
당신 향해 가는 길입니다
아마 당신은 모를 겁니다

내 그리움의 끝은 당신임을

담 생애 우리는

생애 소망
하늘에 부치고
돌아누운 시간을 본다

그래
그러자
비익조로 만나자
그래
그러자
연리지로 만나자

하늘에선 비익조가 되고
땅에선 연리지로 만나
아픔 소망으로 채우고
못다 한 사랑
영원히 우리로 살자

그대여 잔을 채워라

용감한 그대
잔을 채워라
칠흑 같을수록 더
빛나는 별빛 취하고
온화한 달빛 취하니
무엇을 슬퍼하리

어제는 갔고
내일은 오지 않았으니
오늘이면 족한데
근심은 부질없음이다
이 기쁜 날
어이 취하지 않을 수 있겠는가

아름다운 그대
잔을 채워라
과거는 지나갔고
미래는 오지 않았으니
슬픈 눈물도 바람결에 날리고
아프도록 찬란한 오늘 웃자

회상

눈 감으면
가는 곳

마음 먼저
나서는 곳

풋사과 향기 나는
청춘 머물던 그곳

어머니 젖무덤
향기 품은 그곳

회향하고픈 그곳
살며시 웃음꽃 피는 고향

그 무엇이 되어

우리에게
별을 세고
사랑을 얘기하는 날은 있기나 했는지
서로에게
진부한 얘기 들어주고
아픔을 안고 슬픔 나누는
사랑하기나 했는지
설령 그 무엇이 아니었다 하더라도
후회는 접어두자
이제 관조하는 삶으로
자유로워지고 싶다

잊으려고 노력은 하지 않겠다
슬픔도 밀쳐두고
내 곁에 너 있으므로 행복하였기에
그 무엇이 되어서라도
네 곁을 지키고 싶다

그냥 좋아했더라면

세상에서 가장 귀한 건
눈에 보이지 않는다
공기가 그러하고
어미의 사랑이 그렇고
신의 사랑이 그렇다

어미가 할 수 있고
신이 할 수 있는 사랑을 하려니
아프고 슬프고 외롭고
마음을 할퀴고 찢어진다
배우를 좋아하듯
가수를 좋아하듯
그렇게 좋아하면

필요할 때 꺼내 보고
적당히 무시하고
안 봐도 속상하지 않고
바라는 것도 없고
크게 그립지도 않고
있으면 좋고 없어도 상관없는
그냥 좋아했더라면
집착도 바람도 없는
심심한 관계로 좋았을 텐데

4부

돌담길 추억

오늘도 정류장에서

내 앞에 와 섰다 떠나는
수많은 버스 모두 보냅니다

버스가 왔습니다
내가 가야 할 곳
데려다줄 버스입니다
망설이지 않고 탔습니다

목적지가 같은
사람들 태우고 달립니다
그러나 같은 목적지에
내리는 사람은 혼자뿐입니다

오늘도 정류장에 나왔습니다
수없이 보내고
그중 한 대의 버스에 오를 겁니다
오랜 세월 기다린 목적지가 같은
그 한 사람을 만나기 위하여

시간

그대 만나면
빨리 가던 시간
그대 보내고
시간 멈춰 버렸습니다

그대도
시간도 섬 속에 갇혔습니다

그곳에 가고 싶다

얼음 풀리는 계곡
빼꼼히 얼굴 내민 처자
마른 가지 사이사이로
모데미풀 닮은 벗이
기다릴 것 같은
그곳에 가고 싶다

한 마리밖에 없는 씨암탉
밥상머리 올려줄 것 같은
계산법 없는 벗이 있는 곳
불쑥불쑥
그곳에 가고 싶다

가출한 마음
슴베 되어 가둬도
그곳에 가고 싶다

그곳에 가면

그곳에 가면
바람의 아들 그가 있다
눈 감고 조용히 귀 기울이면
바람 소리 들리고
오름으로 따라 흐르는 그리움 있다

그곳에 가면
무희의 피가 흐르는 그가 있다
손끝으로 휘어지는 시나위
토하지 못한 울분
사리 되어 빛나는 그가 있다

발 묶인 나그네
바쁜 마음 길 달린다
바람의 아들 있는 오름 그곳으로

슬퍼하지 말아요

달도 차면 기울고
인연의 끝은 이별이며
마음 또한 고정된 것이
아니거늘
오가는 세월 앞에
슬퍼하지 말아요

꽃도 피면 열흘을
넘기지 못하고
늙고 병드는 것은
당연하니
슬퍼하지 말아요

오늘
함께 함에 감사하고
안부 청함에 감사하며
슬퍼하지 말아요

만 원의 행복

따스한 봄날
오후 햇살이
눈꺼풀 내려앉고
블렌딩 원두 사용한
커피 향 따라 한자리 잡고
입술 축인다
찌르르 흐르는 목줄기 따라
행복 흐른다

분주한 길거리
웃음 팔고 있는 꽃 더미 속
한 묶음 꽃다발 들었다
나를 위해 정성 바친다
춤추는 희열 속
세상 부러울 것 없는
만 원의 행복이다

친구에게

친구야
꽃소식 날아드니 보고 싶다
좋은 옷 맛난 음식이 무슨 상관이겠니
이쯤 되니 마음 편한 게 제일이더라

친구야
배우고 못 배우고도
이젠 상관없는 나이가 되었더라
나만 바라봐 주면 최고더라

친구야
살아보니 자식도 필요 없더라
그저 마음 맞춰가며
가려운 등 긁어 주는 사람 있으면 최고지
그런데 말이야
팔자 탓인지 허락되지 않으면
친구와 잘 지내면 되더라

친구야
이쯤 되니 건강이 최고더라
다리 떨릴 때 말고

가슴 떨릴 때 같이 손잡고
구석구석 여행하자
눈으로 담고 마음으로 담은들
우리의 삶에 얼마간의
시간이 허용됐을까

친구야
친구는 그런 거야
잘 될 수 있도록 지켜주는 것
미안해하지 마!
마음이란 상황에 따라 변하는 거야
무엇보다 네가 행복하길 바래

친구야
네가 많이 웃고
너에게 좋은 일 많이 생기고
네가 행복하면 나도 행복해
친구야 사랑한다

돌담길 추억

신작로 길 돌아
골목길 접어들면
나지막한 돌담
감나무 밑 감꽃 주워
목걸이 만들고
화관 만들어
신랑 신부 되던 곳

돌담 위 소쿠리 올려놓고
들로 산으로 뛰어다니던
단발머리 계집아이들
숨바꼭질하던 곳
돌담 사이 쪽지 끼워놓고
휘파람 불던 까까 중 고생
추억 찾아 기웃거린다

간고등어 굽고 부침개 냄새
온 마을을 휩쓸고 꼬르륵
시계 울려 엄마 품 안 안기면
지금도 그리운 향기가 난다

돌담은 그대로이고
추억 덩그러니 올려져 있고
마음 길의 끝은 항상 그곳이다
쭈글쭈글해진 마음
풀 먹여 디딤돌 위에 놓고
방망이질 두드리고 밀고 당기어
돌담 위 활짝 펼쳐 말려본다

어느 공원에서

손이 이렇게
아름답게 보일 수 있군요
커피 한 잔 들고
공원 벤치에 나와 있습니다
주인 잃은 벤치 위에
나뭇잎 덩그러니
말라 가고 있습니다

거동 불편한 할머님을
젊은 여인이 손을 잡고
돌고 있습니다
딸인지
며느리인지는 모르지만
가슴 찡하게 예뻐 보입니다

어느 한쪽 힘없고 불편하고 쓰러졌을 때
어느 한쪽이 부축하고 밀어주고
아름다운 전경 앞에
울컥 뜨거운 것이 목구멍을 차고
올라옵니다

뜨거운 커피는 식어 갔지만
내 눈길 멈춘 뒷모습 멀어질 때까지
그렇게 시간을 흘려보냈습니다

나의 사랑에게도
그렇게 해야겠습니다
그가 힘들고 어렵고 쓰러지고 용기없을 때
기꺼이 손잡고 세우며 같이 걸어야겠습니다

가을 길 따라온 사랑

떨리는 작은 가슴
꽃 한 송이 피었다

이름표
붙여줬다
강아지 꽃 이라고

그가 불러줬다
잔잔한 미소로
내 사랑이라고

잎 고운 가을 길
피어난 사랑 꽃

유혹

새벽은
하루를 유혹하고
가을은
나를 유혹합니다

코스모스 길 함께 걷자고
나는 그대를 유혹합니다

구월이 오면

산 그림자 길게 드리운
길섶을 따라 쑥부쟁이 피어나고
향기 따라 오는 임 마중하리라

달이 뜨면
황금 달빛 따라서 오시겠지
깨금발 들고 뒤꿈치가
시리도록 서 있으면 만나겠지

아마도
오시는 길 주막을 만난 거야
설움이 깊어 풀어낼 얘기가 많겠지
구월이 오면 사랑도 올 거야

눈물로 피워 올린 꽃길 따라

겨울나무

찬비도 의연히
칼바람 흔들리며
오롯이 맞서는 겨울나무

몰랐네
지독하게 왜 견디는지를
세상 밖 밀어내기 위해
삭풍 견디고 잎을 떨구고

오늘 보았네
조금씩 부풀어가는 꽃눈
품고 있다는 걸

지독한 사랑 너도 한다는 걸

산사의 아침

앞산 나무 위 하얀 꽃 피었네
햇살은 부채처럼 퍼지고
저 멀리 슬레이트 올린 농가
삐죽한 굴뚝 위 연기 피어오르고
가마솥엔 정이 익어가고
쿠당탕거리는 도마질 소리
엄니 날 부르는 듯하네

지난밤 접어 두었던
못다 한 사연들 다시 피어나고
잠 깬 멍멍이 친구 부르며 부산스럽다
어디선가 꿈결인 듯
들려오는 풍경 소리
두 손 합장하고 머리 숙여
두고 온 인연들 안부 부치네

파도여 나를 잊지 마오

파도여
어디서 왔냐고 묻지 마오
그대 여기 있으니 왔소

파도여
왜 왔냐고 묻지 마오
그대 보고 싶어 왔소

파도여
가슴 비벼대는 그대를
어찌 사랑하지 않으리.

파도여
하얀 포말로 애무하는
그대 두고 돌아가지만
나를 잊지 마오
잊지 말아 주오

별이 빛나는 밤
그대 두고 가는 걸음
무겁지만, 사랑하는 마음
여기 두고 가리니
부디 나를 잊지 말아 주오

잘 가시게나

눈 시리게 아름다웠다네
풍족하게 사랑받았네

눈 비바람 닥칠 걸 알기에
아름다운 옷 벗고
나목 되어 내려놓는 여유로움
보이시는구려

그대 없는 아픔
보고 싶은 그리움
날마다 울지라도
입가 미소 잃지 않으리다

돌아가던
떠나던
주고 간 건 분명 사랑이오
부디 잘 가시게나

오월의 기도

은혜와 사랑을
가슴속 퍼 올려
어머니 발 씻기고

인생 살아가는
나침판 쥐여주신 스승의 사랑에
감사의 기도를 드립니다

어두운 곳 구석구석
따스한 햇볕 스며들게 하여
서럽고 시린 마음 녹여주소서

아픈 통증으로
불면의 밤 밝히면 희망의 판도라 상자를
내리시어 아픔 없이 잠들게 하소서

사랑이 강같이 흘러
손에 손잡고 오월을 노래하게 하소서

가슴 멍울 터지는 날

꽃 향 진동하는 날
그대 볼 수 있다는 설렘으로
가슴은 요동쳤습니다

사랑한다 하면 도망갈까 봐
보고 싶다고 안부 전하고
시리고 아픈 날은
마음을 봉인합니다

그런데도 쉽게 들키는 게
사랑인가 봅니다
시작할 때
이미 상처받는 것을 허락하였지만
언제쯤 옹이가 박힐까요

터지고 터지면
깊은 물 속처럼 유유해질까요
높은 산처럼 청정할까요
벙어리 가슴 벌어진 멍울 사이로
붉디붉은 동백꽃이 피어났습니다

비 오는 날 만나고픈 그녀

하얀 원피스 입은 스무 살
그녀가 떠오르면
이유 없이 웃게 되고
이유 없이 설렙니다

그녀 얼굴 떠올리면
하얀 그리움 밀려오고
그대 미소 떠올리면
말간 꽃 한 송이 피어납니다

가볍게 비 내리는
회색 날입니다
우산 없이 걷다
진한 커피 향에
발걸음 멈추게 합니다

그때도 그랬는데
길 가다 커피 향에 취해
발걸음 묶어 놓고
기어이 문 열고 들어가
목 뜨겁게 달구고야 나왔는데
여전한 버릇이 돼버렸어요

원피스 즐겨 입던
그녀가 그립습니다
책 한 권 들고 밤 밝히든
그녀가 그립습니다
마음 밭 구름 목화솜 같은
그녀가 그립습니다

오늘은 커피 한 잔 들고
사랑에 취하고 싶은 날입니다

공지천 연가

물결 고요히
하늘 담고
구름 품어
오리배 띄운다

오가는 눈길 속
사랑 넘나들고
심장 박동수 구령 맞춰
두 발은 노를 젓는다

달빛 내려와
수 놓으면
호수에 담긴 달
임을 닮았고

별빛 사냥해
반짝거리면
임의 눈 속
공지천 담겼다

해 뜨면
연인 부르고
달 뜨면
사랑 부르며
공지천의 풍차는 돌고 있다

제주도에 가거든

바다는 왜 파란색이냐고 묻지 마세요
숨비소리 내쉬는 해녀의 한 서린
가슴 풀어헤쳐 그런 줄 아세요

바람이 왜 많이 부느냐고 묻지 마세요
육지에서 가지고 온 고통과 아픔
모두 날려 보내는 중인 줄 알면 돼요

돌은 왜 그리 많냐고 묻지 마세요
당신 아픔 서러움 눌러주고
그러다

구멍 숭숭 난 줄 알면 돼요

소래포구 길

정 넘치는 포구
삶의 진혼곡 울리는 곳
허연 배 속까지 벌리고
뼈까지 보여주는
생선의 배짱이 가상한 곳

한 점 한 점 다 내주고
다음 생 의미 있게
태어나는 티켓 받았을까

지치고 힘들면
달려가고 싶은 곳
포구 사람들이 그립다
비릿한 바다 내음 갈매기의
날갯짓에서 위로받고
걸쭉한 상인의 목소리에서
희망 담고 오는 곳

나는 못난이

생각 비뚤
마음 비뚤
행동 비뚤

삐뚤삐뚤
내 별명은
못난이라네

좋아하니 간섭하고
좋아하니 구속하고
좋아하니 질투하는
나는 못난이라네

사랑하면 자유롭게
사랑하면 믿어주고
사랑하면 인내해야 하는
아픈 사랑 모른 척하고 싶은
나는 못난이라네

청산도에 가면

한 서린 핏빛 눈물인가
유배당한 죄인의 통한이
서리 되어 산을 휘감고
천년 견딘 사랑 망부석 되어
길손 발길 묶고
너인 듯 나인 듯
가슴에 비 내린다

눈썹 위에 빛나는
별들은 군무 이루고
칠흑 속 빛나는 별 헤다
새벽은 헐떡이며 그림자 밀어내고
잠들지 못한 마음 서걱인다

그대 넋 위로하고
접신 되어서라도
그대 안으리니
살풀이 춤추는 손끝
무명 수건에선 불운 떨친
기쁜 춤사위 허공 가른다
코스모스는 바람에 몸 맡기고

눈과 마음 유혹하니
서러움 안고 꽃으로 환생했나
보고 또 봐도 애처로움이다

불쑥거리는 마음 눌림 돌로 누르고
떠나는 배 뒷머리
하얀 파도가 배웅한다

엄마도 엄마가 보고 싶다…… I

노인 뒤를 말없이 따라 걸었다
구부러진 등위에 내려 앉은 세월이
그리움 나래 펴며 찡하니 저려왔다

시장 한 모퉁이
야채 몇 무더기 놓고 계신 할머니
검게 탄 얼굴 깊게 파인 주름살 굵은 손마디
엄마 얼굴 클로즈업 되며
시린 가슴 바람이 분다

맛난 음식 앞에서
멋진 풍경 앞에서
자식들의 축일 앞에서
만질 수도 없고
기댈 수도 없고
불러 볼 수도 없는 허망함
별들이 소곤 되면
엄마도 엄마가 보고 싶다

엄마도 엄마가 보고 싶다······ II

시장 한 바퀴 돌다
과일 가게 앞에서
발길 멈춰 섰다
그곳에 엄마가 좋아하는
과일이 있더구나
과일 한 봉지 받아들고

몸을 돌리니
그곳에
정육점 있네
육회를 맛나게 드시던
모습 그리워
한 봉지를 더했다

두어 발짝 걸어가니
고소한 기름 냄새에
얼굴 돌리니
녹두빈대떡이 있구나
일하시다 빈대떡에 막걸리 한잔
맛나게 드시던 모습 그리워
한 봉지 담았다

식탁 위에
검은 봉지 펴다
그만 엉엉 울어버렸다
겨우 이런 것들이었는데
몇 번이나 해 드렸는지
무엇이 바빠 얼굴 한번 뵈러 가는 것도
미루었는지

남들과 약속은
손꼽아 먼 길 달려가면서
왜 뒤로 자꾸 미루었는지
거꾸로 오르는 연어처럼
목메는 그리움에
부딪치고 부딪치며

엄마도 엄마가 보고 싶다

엄마도 엄마가 보고 싶다…… Ⅲ

이맘때쯤
엄마의 뜨락은
꽃의 천국이었다

복사꽃 피면
꽃을 따고 가지를 치고
과일 중 최고로 복숭아를 즐겨
드시며 행복해하시던 엄마

오월이 오면
장독대 생수 한 그릇 올리고
두 손을 모으신 엄마 위로
꽃잎이 눈이 되어 내리는
그 모습 잊을 수 없다.

엄마 계신 그곳은
휴가는 없을까
아니 하루 정도 외박은 없을까
아니 몇 시간 외출은 안 될까

엄마도 엄마가 보고 싶다

사랑은 이별이 없습니다

생각이 움직이고
마음 길이 열리고
사랑은 그렇게 시작됩니다

혼자 하는 것 같고
부피와 무게를
저울질하는 순간
사랑을 거래하는 마음입니다

사랑은 그냥 하는 것
사랑은 그냥 주는 것
사랑은 계산법이 없어요
사랑은 이별이 없습니다

멀리 보냈다고
떨어져 있다고 이별이 아닙니다
준 마음을 돌려받을 수 있나요
준 사랑을 돌려받을 수 있습니까
마음에서 떠난 사랑은
준 것으로 만족입니다

생각 멈추고
마음 길 멈추고
멈춘다고 이별은 아닙니다

5부

누군가를 사랑한다는 건

감나무 아래 앉아

붉어가는 감나무 아래 앉아
옛 추억 잠겨본다
주마등처럼 스쳐 가는 얼굴
감꽃 엮어 화관 만들고 목걸이 만들어
쇠 금파리 밥상 차려
엄마 되고 아빠 되어 웃음꽃 피던 자리

눈 감으면 찾아오는 보고 싶은 얼굴
오랜 기다림에 지치지도 않는 몹쓸 그리움
감은 붉게 익어 가는데
아직도 부치지 못한 연서는
까치야 내 임께 전해다오
꼭대기 붉은 홍시 널 위해 두리니
사랑은 오랜 기다림으로 성숙함을 안다.

채송화

걸어가면
보이지 않는 꽃
쪼그리고 보아야
보이는 꽃
풀 속에
숨어 있는 꽃
돌쟁이 손녀를 닮은 꽃

너에게 가고 싶다

넓은 바다
끝없는 항해
깜박이는 등댓불
멀미 나는 마음
등대 기대 쉬고 싶다

휘몰아치는
해일 휩쓸려
밀려온 가슴
섬 그 속으로 숨고 싶다

이렇게 출렁이는 날엔
닻을 내리고
난파선에 엎드려
별을 보고 싶다

꿈속 그리던
에덴의 동산
돌고 돌아서라도
너에게 가고 싶다

누군가를 사랑한다는 건

그 사람이 되어 보는 것
그 사람 마음을 들여다보는 것
그래서 그를 이해하는 것
그 사람이 자유롭게 날 수 있게 두는 것
지치고 힘들 때 조용히 쉬게 하는 것
그리고 다시 날아가게 두는 것

내 생에 잘한 일

참 잘했다고
스스로 만족하는 일이 있습니다
바로
당신을 만난 일입니다

내 생애 최고로 빛나는 일이 있습니다
바로
당신을 사랑한 것입니다

당신의 모습이 변해가는 과정을 보며
살아갈 수 있다는 것이
축복입니다

흰머리가 나고
대머리가 되고
허리가 굽어가는 여정을 함께함이
자랑스럽습니다

어디서라도
자랑할 수 있는 그 사람이
내 사람이어서 감사하고 고맙습니다

당신을 사랑하는 건
나를 존재하는 이유가 되었습니다

당신을 사랑할 수 있어
늘 설레고 행복합니다

숨이 멎는 그 날
내 손을 잡고 애틋이 바라볼
그 한 사람
당신을 사랑하고 사랑합니다

이별~ Ⅰ

사랑도
종착역이 있듯
이별도
종착역이 있습니다

저만큼
이별 역이 보입니다
마음도 두고
사랑도 두고 내릴 준비 중입니다

들고 다니기 무겁고
거추장스러워
젖은 몸만 가져가렵니다

아니 몸도 무거워
차마 뿌리치지 못한

정 한자락 둘둘 말아 매고
정처 없이 떠나렵니다

이별~ Ⅱ

세상에서
가장 잔인한 이별은
이생에선 다시 볼 수 없는
이별입니다

어느 하늘 밑에서
따뜻한 정 나누며
웃고 행복해하는 그대 모습

잔인한 이별이 아님에 감사하며
돛대를 내리고 바람결에
행복 실어 보냅니다

나는 괜찮습니다

이별~ Ⅲ

그대에게
달려가는 마음 소환하여

구깃구깃 접어 창살 없는
시간에 잡아 가두어도

시도 때도 없이
탈출하는 이 그리움을 어쩌란 말이냐

지금
이별과 재판 중

이별~ IV

열병을 치르고
죽음의 계곡을 지나
이별이 찾아온다

살면서 누구나
한두 번 이별하겠지만
아프지 않은 이별이 있겠는가

슬프고, 외롭고
삭막해지고 그러다 보면
이별마지 단단해져

이별도 사랑이더라

사랑한다는 건~ I

사랑은
더 사랑하는 사람이
양보합니다

사랑은
더 사랑하는 사람이
약자입니다

더 사랑한다고 해서
불행하지는 않습니다

더 사랑한다고 해서
슬퍼할 일도 아닙니다

더 사랑한다는 것으로
죄를 묻는다면

기꺼이
더 사랑함으로 아파하겠습니다

더 사랑한다는 건
인간이 할 수 있는 최고의 경지니까요

사랑한다는 건~ II

사랑하기 때문에
아프고 상처가 생겨도
끝없는 달금질로
종제기 마음 그릇
양푼으로 만드는 것

사랑한다는 건
기다려주고
웃어주는 것

변하는 건 너와 나인 것을

사랑이 변했다고
넋두리합니다

세월이 오고 갔다고
서러워합니다

사랑도
세월도
바위처럼 변함없습니다

변하는 건
너와 나 마음일 뿐

그대에게 가는 길

마음 앞장서 달리니
몸이 따라나섭니다

비 와도
눈 와도
천둥 번개 개의치 않고
변명이 없습니다

거저 줄 것은 마음뿐이라
새털처럼 가볍게 달립니다

그대와 인연을 지키고자
많은 것을 미련 없이 버립니다

그대에게 가는 길섶엔
온통 들꽃이 무리 지어
그리움 물들이면 좋겠습니다

우린 모두 아픈 사람들입니다

우린 모두 아픈 사람들입니다
덜 아픈 사람이
더 아픈 사람을 안아 주는 거래요
누구에게나 고통은 있습니다
함께 함으로 나눠서 지는 거래요

임 오시는 길

얼음골 지나
오라고 하지 않아도
가라고 하지 않아도
시절 인연 따라오고 가는 임아

나에게도 정령 봄은 오겠지
마른 낙엽 치우고 바람의 언덕에서
하얀 얼굴에 붉은 입술로
노란 그리움 얘기하며
용광로처럼 뜨거운 사랑으로
포옹할 날 있을까

하루란 그물을 치고 마감할 숙명을 이고
버둥대며 길어 올린 건 막막한 빈손뿐
언제쯤 꽃은 피고 바람은 쉬며
풍요로 카펫을 깔아 놓을까요

임은 꽃길로만 오세요
한 아름 꽃향기도 데려와
가슴 데워지는 시간 속에 머물게 하세요
허한 기침을 접고 숨결 고르며
임 오시는 길에서 노래하리라

사랑

당신
당신이어서
당신이어야만 하는
유일한 사랑

당신은 그런 사람입니다
힘겨웠던 하루의 피로 풀리고
주저앉았든 삶 일으키며
내일을 꿈꾸게 하는

사랑해서
사랑하는 것이 아니라
이 세상 유일한 존재기에
사랑합니다

사랑의 온도

태양처럼 이글거리는
뜨거운 사랑 원하지 않습니다

펄펄 끓는 물처럼
넘치는 사랑 원하지 않습니다

용광로처럼 모든 걸
녹여내는 사랑 원하지 않습니다

멀리 있어도
가끔 보고 싶다고 느끼는 것
문득 안부 궁금하여
전화기 너머 목소리 듣는 것
그리워 지면
열 일 제치고 달려오는 것

당신에게 바라는 건
이 정도 사랑이면 됩니다

사랑의 온도 궁금합니다
당신은 몇 도입니까

나의 동반자

길 가다 넘어지면
손잡아 주는 당신

어두운 길 헤맬 때
등불 되어주고

외로워. 할 때
어깨 감싸 안아주며

그리움 젖어 비틀거리면
조용히 우산 받쳐 준

당신은
나의 영원한 동반자

꽃처럼 이쁜 당신

겨울에 꽃 본 듯이
가뭄에 단비 보듯이
사막에서 우물 보듯이

이쁘고
기쁘고
반갑고

가슴에 꽃핀
향기로운 당신
사랑으로 피어난
꽃보다 더 이쁜 당신

뒤돌아보니

구름은
바람이 데려가고
인생은
세월이 데려갑니다
뒤돌아보니
사랑 없는 날이 없었습니다

사랑 때문에
아팠고
사랑 때문에
눈물 흘린 적 많았지만
결국 사랑만이
살아가는 힘이 되었습니다

뒤돌아보니
스스로 날개를 접고
고통 속에 가두며 괴로워했습니다
마음 한 번 바꾸면 되는 것을
그 간단한 하나를 못 해
버거운 삶을 살아냈습니다

구름 같은 사랑은
바람이 데려가고
꽃 같은 사랑은
빗임이 데려갔습니다

기대 없는 사랑
주고 또 주고도
더 줄 게 없는가 살피는 사랑만이
흠결 없는 사랑으로
저만치 따라오고 있습니다

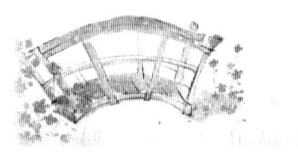

내 생에 봄날은

내 생에 봄날은
당신을 만난 것입니다

모꼬지를 하고
밥 먹고
식구가 된 날입니다

하늘과 구름
꽃과 바람
당신과 함께 한 날이
내 생의 봄날입니다

기억하세요
화려한 색으로 덮고
먼지처럼 사라지더라도

내 생에 봄날은
당신이었음을

사랑하는 일이 전부가 아님을

당신을 알고부터
사랑하는 일만이 전부가
아님을 알았습니다
내 사랑만 담기엔 큰 그릇이라
늘 한쪽이 비어있다는 걸
알았습니다
가끔 쓸쓸하지만
사랑하는 만큼
용서도 담아내야 한다는 걸
당신을 사랑하고부터 알았습니다

옹이가 박혀서야
사랑하는 일만이 전부가 아님을
알았습니다

그대 잠든 사이

세월 따라와 준
충직한 몸 상처투성이고
보듬지 못한 마음
길 잃고 헤맵니다

전화기 너머 술 취한 목소리
고독과 외로움
꽃비 되어 내리듯 흩날리며
유언처럼 남기고
각혈 토합니다

인생을 산다는 건
끊임없이 혼자란 걸
알아가는 고독한 일입니다
인사불성 그대는
전화기 너머 아무 말 없이
정적만 흐릅니다

그대 잠든 사이
늦은 밤하늘 보니
달빛은 온 누리 비추고

고요는 순결한 시간 속으로
저벅저벅 걸어갑니다

우리 미래는 불투명하고
내일을 장담할 수 없지만
희망이란 두 글자는
가슴에 담고 가야지요

그래도
그런데도
삶이 별건가요
그저 오늘을 내 식대로
최선을 다해 살아주는 거지요

그대 잠든 사이
오래도록 음악과 달빛과
차 한 잔을 데리고 새벽이 오는 길
하얗게 밝힙니다

그대와 나

그대와 나 사이 강물 흐릅니다
슬픔 내려앉아 푸른색 되었습니다
그대라는 단 하나의 비원으로 발원되며
그대를 그리워 한 만큼
그대 때문에 외로워한 만큼 슬픔으로
채워집니다

햇빛 엮어 울타리 치고
라일락 향 쪽물 개어
시로 지은 방 한 칸들이고
그대의 눈 바라보며
웃음 짓는
그대를 사랑한 그 아프고 행복한
일만은 죽어도 잊지 않으려 합니다

그대의 숨결을 통과한 한 줌 공기여도 좋고
그대가 넘기는 한 장의 종이라도 좋으니
같은 세상 안에 머물 수 있기를
그대 안에 머물 수 있기를
그대와 나의 깊은 우물 속
소원 하나를 길어 올립니다

사랑이어라

가슴 작다고
사랑도 작은 건 아닙니다
길 멀다고
사랑도 멀리 있는 건 아닙니다
가진 것 적다고
사랑도 빈약한 건 아닙니다
이름 모를 척박한 곳에 피었다고
꽃 아닐 수 없듯이
멀리 있어도 작아도
사랑이어라

아득한 꿈이런가

아침 눈 뜨면
된장국 끓이고
따뜻한 밥 들이대고
출근하는 사람
엉덩이 토닥여 주며
뽀뽀라도 해주며
잘 돌아오라고 손 흔들어주고

TV 들여다보다
화도 내고
실없이 웃어 보다
따뜻하게 밀려오는 햇빛에
커피 한 잔을 내려
오롯한 자신만의 시간에
행복한 상상도 해보고

해가 서산으로
기울여 가는 시각쯤
재래시장 구석구석 누비며
가족들 입맛 찾아
장바구니 마음 담고

세상으로 출근했다
살아 돌아온 전사를 위해
잔소리도 하고
옆구리도 간지럽히며
장난도 걸어보다
베란다 작은 의자에 앉아
별을 세고
달무리에도 감격하며
떨어지는 별똥에 기원도 하고

책 한 권을 펴고
감격하고 때론 눈물짓다
한 줄의 시어라도 만나고픈
소박한 꿈
평범한 일상이 이리 어려운 꿈이런가

당신이 좋은 이유

왜
당신이 좋은지
알았습니다

왜
당신을 사랑하는지
알았습니다

그냥 이란 걸

당신이 나를 사랑해야 한다면

당신이 나를
사랑해야 한다면

어느 날 보인
미소 때문이 아니고

당신 힘들 때
나눈 위로 때문도 아니고

당신 외로울 때
귀 기울여 준 묵언의 시간도 아니고

어느 봄날에
팔랑이는 옷의 유혹이 아닌

흰서리 앉은 머릿결
화장기 없고 핏기없는 푸석한 피부 그대로

멋 부리지 않는 편한 옷 그대로
내 모습 그대로 사랑할 수 있으면 좋겠습니다

그런 편한 사랑으로 오면
좋겠습니다

변해가는 것들로 마음 졸이지 않고
안방 벽장처럼 그렇게 항상 곁에 있어 줄
사랑으로 오면 좋겠습니다

지지않는 글꽃

초판 1쇄 인쇄	2018년 2월 12일
초판 1쇄 발행	2018년 2월 14일

지은이 : 양경숙
펴낸이 : 서인석
편집 · 디자인 : 서인석
펴낸곳 : 도서출판 열린동해문학
〈등록 제573-2017-000013호〉
충북 청주시 청원구 상당로232번길 6
(043) 223-3801
H.P : 010-7476-3801
홈페이지 : http://cafe.daum.net/ehdgoansgkr
E-mail : yyp325@naver.com

ISBN 979-11-88966-02-8 (03800)

이 책의 판권은 저자와 출판사의 동의 없이 무단 및 복제를 금합니다.
파손된 책은 구입처에서 교환하여 드립니다.

이 도서의 국립중앙도서관 출판시도서목록(CIP)은 서지정보유통지원
시스템 홈페이지(http://seoji.nl.go.kr)와 국가자료공동목록시스템
(http://www.nl.go.kr/kolisnet)에서 이용하실 수 있습니다.
(CIP제어번호: 2018004925)